Sergio Carapelli
Roberta Ferencich
Letizia Vignozzi

Storia

Villa Gioconda

corso di italiano per stranieri con la suggestopedia moderna

Guerra Edizioni

I edizione
© Copyright 2008
Guerra Edizioni - Perugia

ISBN 978-88-557-0054-2

Guerra Edizioni
via Aldo Manna 25 - Perugia (Italia)
tel. +39 075 5289090
fax +39 075 5288244
e-mail: info@guerraedizioni.com
www.guerraedizioni.com

Progetto grafico
salt & pepper_perugia

Illustrazioni
Moira Bartoloni

PREFAZIONE

Negli anni Settanta, quando il neurolinguista bulgaro Lozanov decise che insegnare una lingua era un po' come creare una schizofrenia (linguistica) guidata in cui le due personalità si esprimono usando lingue diverse, venne preso per... pazzo.

Ma quando il sistema sovietico si impadronì della sua intuizione "suggestologica" per formare il personale da inviare o infiltrare all'estero, quando i ricchi (e costosi, visto che il loro tempo è davvero tanto denaro) manager berlinesi, parigini, newyorkesi cominciarono a frequentare corsi di lingua basati su quel che si sapeva in Occidente delle teorie di Lozanov, lo studioso bulgaro cominciò a non essere più un "pazzo", il training autogeno introduttivo alle lezioni suggestopediche smise di essere una bizzarria e acquisì di colpo un ruolo in un sistema che, insieme alla musica, al modo in cui l'insegnante sostiene e non insegna, metteva davvero lo studente al centro del processo di acquisizione linguistica.

Aveva capito tutto una mia studentessa che, inviata a Mosca per quattro settimane senza sapere nulla di russo ma fortemente intenzionata a fare una tesi su Lozanov, dopo due settimane di corso suggestopedico mi scrisse (per lettera, non c'era la mail) "non so cosa stiano facendo al mio cervello, non so il russo ma... capisco tutto": aveva capito che la grande intuizione di Lozanov era tutta lì, in quel "fare qualcosa al cervello", dando importanza alla persona e ponendo i libri, l'aula, l'insegnante, la tecnologia a sua disposizione – cioè rovesciando il paradigma classico in cui i singoli studenti sono posti al servizio delle decisioni prese dagli autori dei libri di testo e dall'insegnante.

Con gli anni Novanta le teorie e i metodi suggestopedici sono stati conosciuti compiutamente anche in Occidente, rivisti e sviluppati e quindi applicati nella loro complessa armonia, dando origine a una serie di corsi suggestopedici per le maggiori lingue.

Questo corso di italiano è il risultato di questa storia trentennale – storia che ha visto gli autori personalmente impegnati per vent'anni nello studio di quella "pazzia" che era allora la suggestopedia e che oggi concretizzano quel loro studio e la loro esperienza in un volume che trasforma l'apparente "follia" in un progetto sistematico, calibrato, strutturato.

Perché un percorso suggestopedico, proprio perché dà tanto spazio alla creatività individuale, alle strategie personali, ha bisogno di binari ben precisi, anche se non sempre esibiti, per far sì che un approccio glottodidattico libero e creativo non si trasformi in una realtà anarchica.

Paolo E. Dalboni
Università Ca' Foscari, Venezia

Villa Gioconda

INTRODUZIONE PER GLI STUDENTI

Attraverso una storia ricca di avventure e di sorprese che si sviluppa intorno al mistero custodito in un'antica villa nella campagna toscana, i protagonisti di *Villa Gioconda* ci guideranno a conoscere alcuni aspetti di vita italiana in modo giocoso e coinvolgente.
Il nostro invito è di entrare a far parte della storia, di godere i paesaggi, i profumi, le musiche, le sensazioni e cogliere lo spunto per riflettere sulla lingua, le tradizioni, i valori, le convinzioni degli italiani.
Buon lavoro e buon divertimento!

Gli Autori

INDICE

PERSONAGGI

Sauro Brighi:	autista di pullman
Leandro Candivi:	pittore
Juliette Clavis:	studentessa francese
Paul Desmond:	giovane americano laureato in storia dell'arte
Caterina Durante:	insegnante di storia dell'arte all'Accademia di Belle Arti di Firenze
Giorgio Torrisi:	mercante d'arte

SCENA PRIMA

Due ragazze

È primavera. La piazza di Vinci, un piccolo paese in collina a un'ora di strada da Firenze. Due ragazze aspettano il pullman.

Caterina *(sorridendo)*: Ah, sei francese! Di dove?

Juliette: Di Parigi.

Caterina: Che bello! In che zona di Parigi abiti?

Juliette: Conosci Parigi?

Caterina: Abbastanza.

Juliette: Abito in Saint Germain Després, vicino all'Istituto Italiano di Cultura.

Caterina: Ho un amico che lavora all'Istituto Italiano di Cultura.

Juliette: Veramente? Che cosa fa?

Caterina: L'insegnante di italiano.

Juliette: Come si chiama?

Caterina: Cesare.

Juliette: Cesare Vallini?

Caterina *(stupita)*: Sì…

Juliette: È incredibile! Cesare è il mio insegnante di italiano!

Caterina: Davvero?!

Juliette: Sono due anni che studio italiano con lui; è bravo e molto simpatico!

Caterina *(sorridendo)*: Ed è anche un bel ragazzo!

Juliette: Sì, è veramente carino!

Caterina: E come sta?

Juliette: Bene ed è molto soddisfatto del suo lavoro!

Caterina: Sono contenta!

Arriva un pullman a forte velocità.

Sauro *(a Caterina)*: Ciao bella!

Caterina *(scocciata)*: Ciao Sauro.

Sauro *(guardando Juliette)*: Ehi, Caterina! Mi presenti la tua amica?

Caterina *(controvoglia)*: Questo è…

Sauro *(interrompendo Caterina)*: Ciao, mi chiamo Sauro… e tu come ti chiami?

Juliette *(divertita)*: Juliette.

Sauro: Molto piacere. Di dove sei?

Juliette: Sono francese. *(Ridendo)* E tu sei italiano!

Caterina *(scocciata)*: Sauro, insomma, siamo in ritardo!

Sauro: Va bene, va bene, partiamo subito.

Caterina: E guida con prudenza per favore!

Il pullman viaggia verso Firenze. Le due ragazze conversano.

Juliette: Che lavoro fai?

Caterina: Insegno all'Accademia di Belle Arti di Firenze.

Juliette: Ah, interessante!

Caterina: Sì, è un lavoro interessante e creativo, sono molto contenta. E tu
           dove fai il corso d'italiano?

Juliette: Alla scuola Tuttitaliano, in via Cavour.

Caterina: Non è lontana dall'Accademia e…

Sauro *(interrompendo Caterina)*: Ragazze che fate stasera? Venite a ballare alla discoteca
           dove lavoro? Abbiamo un nuovo dj brasiliano! Mette della
           musica fantastica!

Caterina: Per stasera ho altri piani.

Juliette: Ho già un invito a cena.

Sauro *(a Juliette)*: Allora vieni dopo cena!

Juliette: Non so… dov'è questa discoteca?

Sauro: In centro, in via del Proconsolo 18. Si chiama Trendy.

Juliette: Ok, e grazie per l'invito.

Sauro *(mentre il pullman si ferma)*: Prendi il mio numero di telefono!

Juliette *(sorridendo)*: No, basta l'indirizzo della discoteca. Ciao, grazie!

Sauro: Ci vediamo stasera!

Juliette: Ciao.

Le due ragazze scendono alla fermata della stazione centrale.

Caterina: Sauro è veramente invadente! Fa sempre il latin lover.

Juliette: E non è nemmeno molto bravo!

Le due ragazze ridono.

Caterina *(fermandosi)*: Bene; io vado verso Piazza del Duomo.

Juliette: Ma l'Accademia è dall'altra parte o sbaglio?

Caterina: È vero. Ma oggi, prima di andare al lavoro, passo da un amico antiquario
           per parlare di una strana storia.

Juliette: Qualcosa di speciale? Oh, scusa! Sono troppo curiosa.

Caterina *(sorridendo)*: No… Giorgio e io abbiamo la passione per le storie intriganti
           come quella di Villa Gioconda.

Juliette *(incuriosita)*: Villa Gioconda?

Caterina: Sì, è un'antica villa proprio vicino a Vinci.

Juliette: E cosa ha di strano questa villa?

Caterina: È proprio quello che Giorgio e io vogliamo scoprire.

I PERSONAGGI

Completare.

Caterina nome: _____

cognome: _____

professione: _____

nata a: _____

età: _____

dove abita: _____

che lingue parla: _____

stato civile: _____

hobby: _____

Juliette nome: _____

cognome: _____

professione: _____

nata a: _____

età: _____

dove abita: _____

che lingue parla: _____

stato civile: _____

hobby: _____

Sauro nome: _____

cognome: _____

professione: _____

nato a: _____

età: _____

dove abita: _____

che lingue parla: _____

stato civile: _____

hobby: _____

SCENA SECONDA

La ricerca

Il negozio di antiquariato di Giorgio. Ci sono Giorgio e Luisa (la sua collaboratrice) con due signore che stanno comprando un orologio antico.

Giorgio *(alle due clienti)*: Per due belle signore come voi, voglio fare un prezzo davvero speciale! Allora… l'orologio costa 185 euro… per voi 170.

Prima cliente: Grazie Giorgio, lei è sempre così gentile.

Seconda cliente: E affascinante.

Giorgio *(vede Caterina entrare nel negozio)*: Grazie, grazie… e scusate… adesso devo andare. Potete pagare a Luisa.

Prima cliente: Va bene. Arrivederci Giorgio!

Seconda cliente *(ammiccando)*: A presto.

Caterina: Ciao.

Giorgio: Ciao! Ehi, sei veramente carina con i capelli sciolti!

Caterina: Grazie, anche tu stai bene.

Giorgio: Andiamo a prendere un caffè da Giacosa?

Caterina: Sì, volentieri.

Escono dal negozio e vanno al bar.

Barista: Buongiorno, cosa prendete?

Giorgio e Caterina: Buongiorno.

Giorgio: Io vorrei una spremuta d'arancia e un tramezzino col prosciutto; poi prendo un caffè.

Caterina: Può farmi un cappuccino con l'orzo?

Giorgio: Prendi anche qualcosa da mangiare!

Caterina: Ma sì, prendo una brioche con la marmellata.

Barista: Prego signori!

Si siedono a un tavolino…

Caterina: Allora Giorgio, c'è qualche novità su Villa Gioconda?

Giorgio: Sì. Ricordi il libro sulla storia delle ville toscane che ho comprato a Lucca?

Caterina: Certo. È lì che hai trovato le prime notizie su Villa Gioconda.

Giorgio: Devi sapere che ieri, per caso, ho sfogliato il libro e ho scoperto una piccola nota molto interessante!

Caterina: E…

Giorgio: Secondo questa nota, ci sono dei documenti che riguardano Villa Gioconda, qui a Firenze, all'Archivio di Stato, raccolti da un certo Annibale Onofri.

Caterina: Ah, sì! Annibale Onofri, uno studioso di fatti e storie strane del Rinascimento toscano.

Giorgio: Dobbiamo andare subito all'Archivio!

Caterina: Purtroppo non posso. Ho lezione all'Accademia tra 20 minuti!

Giorgio: Uhm, comunque l'Archivio è aperto anche oggi pomeriggio! Ci possiamo andare quando finisci di lavorare.

Caterina: D'accordo; allora verso le tre.

Giorgio: Ok, ci vediamo davanti all'Archivio alle tre e mezzo.

Caterina: Va bene, a dopo.

Giorgio: Ciao.

Giorgio e Caterina sono all'Archivio di Stato di Firenze davanti a un computer.

Caterina: Siamo qui da quasi due ore e mi sono un po' stufata: ancora nessuna notizia di questi documenti!

Giorgio: Forse le mie informazioni non sono esatte…

Caterina: Cosa possiamo fare?

Caterina *(dopo aver pensato per qualche secondo)*: Chiediamo aiuto all'archivista!

Giorgio: Ok, proviamo.

Caterina *(all'archivista)*: Dunque, come lei dice, non tutti i documenti dell'Archivio sono nel computer.

Archivista: È così, solo quelli dal 1861 sono nel computer, i precedenti sono nelle cartelle sugli scaffali.

Giorgio: Perché?

Archivista: Per problemi economici non abbiamo ancora completato l'inserimento dei dati.

Giorgio *(perplesso)*: Capisco.

Caterina: Possiamo vedere i documenti sugli scaffali?

Archivista: Purtroppo no. Serve un'autorizzazione che diamo solo agli studiosi.

Caterina: Posso dire di essere una studiosa, insegno all'Accademia di Belle Arti.

Giorgio: Bastano solo pochi minuti.

Archivista *(titubante)*: Uhm, e va bene. Solo dieci minuti però.

Caterina: Grazie.

Giorgio: Grazie mille!

Caterina e Giorgio in una grande sala con molti scaffali.

Caterina: Io cerco il nome "Gioconda".

Giorgio: E io provo con Onofri.

Caterina: Vediamo E, F… ah, finalmente la G!

Giorgio: Caterina, vieni, presto! Ho trovato qualcosa di Annibale Onofri!

Caterina *(con entusiasmo)*: Arrivo!

Giorgio *(molto emozionato, con un foglio in mano)*: Guarda qua!

Caterina *(legge qualche riga)*: Ma questa è la storia della villa e… fantastico!

Giorgio: Che c'è?!

Caterina *(con entusiasmo)*: Leggi, per favore!

Giorgio: Ma… è… è incredibile!

Intanto alle loro spalle arriva Paul.

Paul: Davvero, è stupefacente!

Giorgio e Caterina, sorpresi, si voltano di scatto.

Giorgio *(con diffidenza, sottovoce a Caterina)*: Ma questo chi è?

Paul: Oh, scusatemi! Io sono Paul.

Completare.

Giorgio

nome: _____

cognome: _____

professione: _____

nato a: _____

età: _____

dove abita: _____

che lingue parla: _____

stato civile: _____

hobby: _____

Il barista

nome: _____

cognome: _____

nato a: _____

età: _____

dove abita: _____

che lingue parla: _____

stato civile: _____

hobby: _____

Luisa

nome: _____

cognome: _____

professione: _____

nata a: _____

età: _____

dove abita: _____

che lingue parla: _____

stato civile: _____

hobby:

SCENA TERZA

Un nuovo amico

Giorgio, Caterina e Paul davanti all'Archivio. Dopo le presentazioni.

Caterina: Dunque anche tu indaghi sulla villa.

Paul: Sì; è da un po' di tempo che sto dietro a questa storia e sono in Italia per approfondire le mie ricerche.

Giorgio: Come hai saputo di questa faccenda?

Paul: Per caso, durante la preparazione della mia tesi in storia dell'arte e...

Caterina *(molto interessata)*: Qual è l'argomento della tua tesi?

Paul: Due importanti opere di un pittore del Rinascimento italiano: Antonio Benci.

Caterina: Ah, il Pollaiolo, molto interessante! Io ho fatto la tesi sulla "Trinità" di Masaccio.

Paul *(con entusiasmo)*: Anche tu sei un'appassionata di pittura rinascimentale?!

Caterina: Sì, il Rinascimento è stato un periodo storico magico per l'arte!

Paul: Sono assolutamente d'accordo!

Giorgio *(un po' impaziente)*: Scusate se vi interrompo. *(Poi a Paul)* Non mi hai ancora detto come hai saputo di Villa Gioconda!

Paul: Scusa Giorgio, hai ragione, ho interrotto il discorso a metà...

Giorgio sorride.

Paul: Allora... durante le ricerche per la tesi ho trovato un libro di un certo Carlo Alberto Salustri. Nel testo ci sono molte informazioni straordinariamente interessanti su Villa Gioconda!

Giorgio *(con fare indagatore)*: Cosa sai esattamente della villa?

Paul *(sorridendo)*: Molte cose...

Giorgio: Bene, bene...

Caterina *(con entusiasmo)*: Possiamo scambiare le informazioni e continuare le ricerche insieme!

Giorgio *(pensieroso)*: Forse è una buona idea...

Paul: Bene! Sono stanco di lavorare da solo!

Giorgio: Ma sì... anche a me va bene, e poi "L'unione fa la forza!".

Caterina: Allora siamo d'accordo!

Giorgio: Sì, e dobbiamo festeggiare l'incontro! Andiamo a cena?

Paul: Certo!

Caterina *(dispiaciuta)*: Ho già un impegno per stasera.

Giorgio *(deluso)*: Non puoi venire con noi?

Caterina: No, davvero, non posso. Ho promesso ad Agnese di andare al cinema con lei.

Giorgio: Peccato... saluta Agnese. Ci vediamo domani.

Caterina: Va bene, a domani. Ciao Paul.
Paul: Ciao.

Giorgio e Paul sono al ristorante, il cameriere porta il menù. Dopo dieci minuti torna.

Cameriere: Allora, signor Torrisi, avete deciso?
Giorgio: Sì. Io prendo le penne ai quattro formaggi e di secondo una scaloppina al limone con patate fritte.
Paul: Per me tagliatelle ai funghi e poi coniglio alla cacciatora.
Cameriere: Bene, e da bere?
Giorgio *(a Paul)*: Prendiamo del vino?
Paul: Io preferisco la birra.
Giorgio: Allora io prendo mezzo litro di rosso, lo stesso dell'ultima volta, e una bottiglia di acqua *(a Paul)* naturale o gassata?
Paul: Naturale.
Cameriere: Perfetto, grazie.

Il cameriere porta i piatti.

Giorgio: Da quanto sei in Italia?
Paul: Da circa un mese. Ho preso in affitto un piccolo appartamento qua vicino, ma non sono tanto contento!
Giorgio: Perché? È una bella zona!
Paul: È vero, ma pago un sacco di soldi di affitto!
Giorgio: Lo so, purtroppo oggi a Firenze gli affitti sono molto cari.
Paul: Già. Per una casa di tre stanze, camera, cucina e un piccolo soggiorno 1100 euro al mese!
Giorgio: Ci sono dei prezzi assurdi; si lamentano tutti!
Paul: Mah, pensiamo ad altro! Senti, è ancora presto; vieni a bere un bicchiere di vino da me?
Giorgio: Volentieri. Anche perché vorrei vedere il libro di Salustri.
Paul: Certamente.

Giorgio e Paul nell'appartamento di Paul. Arredato con mobili d'epoca.

Giorgio *(guardandosi intorno)*: È vero, l'affitto è molto alto, ma l'appartamento è arredato con mobili d'epoca. Il divano e le poltrone, per esempio, sono dei primi del Novecento e hanno un certo valore, mentre la scrivania e la libreria sono più recenti.
Paul: Sei un esperto di antiquariato?
Giorgio: Sono un antiquario. Ho il negozio in via del Parione.
Paul: Wow! Un giorno vengo al negozio!
Giorgio: Vieni quando vuoi!

Paul si alza e va alla libreria, prende un libro e lo dà a Giorgio.

Paul: Questo è il libro di Salustri.

Giorgio sfoglia il libro per un po', poi guarda l'orologio.

Giorgio: È un po' tardi. Vado. Domani devo lavorare.

Paul: Allora porta via il libro, così lo leggi con calma.

Giorgio: Grazie, sei molto gentile! Senti, domani sera faccio una festa per il mio compleanno, vieni? Così possiamo parlare anche di Villa Gioconda.

Paul: Grazie, vengo volentieri!

Giorgio: Bene! La festa è nella mia casa di campagna.

Paul: A che ora?

Giorgio: Verso le nove.

Giorgio prende un biglietto da visita e disegna sul retro il percorso per arrivare a casa sua in campagna.

Giorgio: Queste sono le indicazioni per arrivare alla festa.

Paul *(dando a Giorgio il suo numero di cellulare)*: Ok, grazie, ciao!

Giorgio: Ciao, ci vediamo domani sera.

LA CASA DI PAUL

Completare.

Paul nome: _____

cognome: _____

professione: _____

nato a: _____

età: _____

dove abita: _____

che lingue parla: _____

stato civile: _____

hobby: _____

SCENA QUARTA

Festa di compleanno

Tardo pomeriggio, alla stessa fermata del pullman alla stazione centrale.

Caterina: Ciao! Allora non vai in discoteca da Sauro!

Juliette *(sorridendo)*: Non ho tanta voglia: come è andata oggi?

Caterina: Bene. La mattina a lezione e dopo un pomeriggio piuttosto emozionante all'Archivio di Stato. E tu cosa hai fatto?

Juliette: Sono stata a scuola e poi ho fatto una lunga passeggiata in centro.

Caterina: Cosa hai imparato oggi di interessante?

Juliette: Alcuni proverbi molto divertenti.

Caterina: Per esempio?

Juliette: Uhm, vediamo! Ah, sì! "La sera leoni, la mattina dormiglioni".

Caterina *(sorridendo)*: Eh... lo so bene, mi succede tutti i giorni! La sera non vado mai a letto; poi la mattina è una tragedia!

Juliette: E il tuo pomeriggio? Avete trovato qualcosa di interessante su quella villa? Come si chiama? Villa... villa...

Caterina: Villa Gioconda.

Juliette: Ah, sì! Villa Gioconda, certo.

Caterina: Abbiamo scoperto alcune cose incredibili!

Juliette: Cioè? Scusa... come stamattina sono troppo curiosa, ma i misteri mi piacciono molto!

Caterina: Mi dispiace, ma ho promesso di non parlare a nessuno di questa storia.

Juliette: Capisco...

Caterina *(cambiando discorso)*: Vuoi venire domani sera a una festa di compleanno?

Juliette: Chi compie gli anni?

Caterina: Giorgio, il mio amico antiquario, compie quarant'anni e fa una festa nella sua casa di campagna.

Juliette: Sì, vengo volentieri. Cosa posso portare?

Caterina: A Giorgio piace molto il vino.

Juliette: Allora porto una bottiglia di Brunello di Montalcino!

Caterina: Buona idea, però il Brunello costa molto.

Juliette: Quanto costa?

Caterina: Dipende dall'annata, comunque una bottiglia da tre quarti di Brunello non costa meno di quindici, diciotto euro.

Juliette: E posso trovarlo a Vinci?

Caterina: Sì. C'è un'enoteca all'inizio del paese, oppure puoi andare al supermercato, lì è sicuramente meno caro!

Juliette: Il supermercato dov'è?

Caterina: Non puoi sbagliare, in questo paese abbiamo un solo supermercato, una sola gelateria, un solo negozio di abbigliamento!

Juliette: A proposito, per la festa cosa mi consigli: abbigliamento sportivo o
              elegante?

Caterina: Secondo me va bene sportivo!

Juliette: Una maglia rosa e un paio di pantaloni di cotone blu scuro possono
              andare?

Caterina: Perfetto!

Juliette: Ok, a che ora è la festa?

Caterina: Alle nove. Passo da te con la macchina alle nove meno un quarto. Dove
              abiti?

Juliette *(fa una piccola pausa prima di rispondere)*: All'agriturismo Podere Santo Stefano.
              È a circa due chilometri da Vinci.

Caterina: Sì, lo conosco. Sono stata là a cena qualche volta. Ho mangiato bene e
              Irene, la proprietaria, è molto simpatica.

Juliette: È vero. Lei è carina e l'atmosfera è molto familiare.

**Il pullman intanto è arrivato nella piazza del paese. Le due ragazze scendono e si
scambiano i numeri di telefono.**

Juliette: Grazie, a domani sera!

Caterina *(sorridendo)*: Di niente, ciao.

**Casa di Giorgio. È la sua festa di compleanno. Una grande sala, un lungo tavolo con
un ricco buffet. Alcune persone ballano.**
Caterina presenta Giorgio a Juliette mentre quest'ultima sta parlando con Paul.

Giorgio *(facendo un po' il galante)*: Molto piacere di conoscerti Juliette.

Juliette *(a Giorgio)*: Piacere mio!

Giorgio: Ti piace la festa?

Juliette: Sì, c'è una bella atmosfera.

Giorgio: Grazie. Sono contento quando le persone stanno bene, specialmente le
              belle ragazze!

Caterina *(prendendo Giorgio per un braccio)*: Bene, ora che avete finito con le
              presentazioni, posso portare via Giorgio, ha promesso di ballare con me!

Giorgio *(contento)*: Ma certo... scusate, ci vediamo dopo e buon divertimento!

Paul e Juliette: Grazie.

Juliette *(a Paul riprendendo il discorso)*: Così abiti a Boston. So che è una città molto
              bella!

Paul: Sì. Ci sono parecchie cose interessanti da vedere e poi c'è tanto verde.

Juliette: Vorrei visitarla!

Paul *(timidamente)*: Se vuoi ti lascio il mio indirizzo, così se vieni a Boston posso farti
              da guida.

Juliette: Grazie, sei molto gentile.

Giorgio *(avvicinandosi a Juliette e Paul)*: Scusate. Paul hai un minuto? Vorrei parlare con
              te di quella faccenda.

Paul: Certo. Scusa Juliette, torno tra poco.

Juliette: Ok.

Caterina, Giorgio e Paul nello studio di Giorgio.

Giorgio *(a Paul)*: Sono andato a letto alle tre per finire di leggere il libro di Salustri.
Paul: Dunque?
Giorgio: In sostanza, ho trovato le stesse incredibili informazioni che sono all'Archivio di Stato.

Completare l'invito alla festa.

SCENA QUINTA

Un' incredibile scoperta

Casa di Giorgio. La festa continua.

Tutti gli invitati: "Tanti auguri a te, tanti auguri a te...".
Giorgio *(Giorgio spegne le candeline)*: Grazie a tutti!
Caterina *(con un pacco in mano, affettuosamente)*: Questo è per te.
Giorgio: Oh, grazie! *(Apre il regalo)*. È bellissima!
Caterina: So che ti piacciono molto le pipe d'epoca in radica di noce.
Giorgio: Tu sai bene cosa mi piace...

Gli altri invitati danno i regali a Giorgio. In quel momento squilla il cellulare di Giorgio.

Giorgio: Pronto!
Sauro: Ciao Giorgio, sono Sauro, non riesco a trovare casa tua!
Giorgio: Dove sei ora?
Sauro: Boh! Sono in una strada di campagna e ho appena passato una casa con un cancello verde; più avanti ci sono delle luci, forse è un paese!
Giorgio: Sì, ho capito. La casa che vedi è l'agriturismo di un mio amico. Ci metti dieci minuti ad arrivare.
Sauro: Allora dove vado?
Giorgio: Ora ti spiego, torna indietro fino al bivio…
Sauro: Ok, ci torno, e poi?
Giorgio: Sì, torna indietro fino al bivio, gira a sinistra, dopo circa cinquecento metri trovi un cartello con scritto "Molino"; al cartello gira a destra e vai sempre dritto; in fondo alla strada c'è casa mia. Non ci vuole molto!
Sauro: A tra poco.
Giorgio: A dopo.

Dopo circa dieci minuti arriva Sauro.

Sauro: Ciao a tutti! Tanti auguri Giorgio!
Giorgio: Ciao Sauro, finalmente sei arrivato!
Caterina *(un po' contrariata, a Sauro)*: E tu che fai qui?
Sauro: Oh, ciao Caterina! Come stai?
Caterina: Bene, ma che fai qui?
Sauro: Sono un amico di Giorgio! (Poi vede Juliette, e rivolgendosi a Caterina) Ehi, ma quella è la tua amica francese! *(Va verso Juliette)*.
Caterina *(a Giorgio)*: È vero che Sauro è un tuo amico?
Giorgio: Sì. L'ho conosciuto al Trendy, la discoteca dove lavora.
Caterina: Complimenti… hai delle belle amicizie!

Giorgio: Perché? È simpatico.
Caterina: Lasciamo perdere.

La festa è finita sono rimasti soltanto Caterina, Juliette, Paul e Sauro. Tutti sono seduti intorno al camino.

Juliette: È stata proprio una bella festa!
Paul: Veramente!
Caterina: Siamo stati molto bene. Grazie Giorgio!
Giorgio: Grazie a voi!
Sauro: Tutto ok! *(a Giorgio)* Di' un po' Giorgio; hai fatto progressi con le ricerche
             su Villa Gioconda?
Caterina *(a Giorgio, scocciata)*: A quante persone hai detto di questa faccenda?
Giorgio *(imbarazzato)*: Solo a Sauro.
Juliette: Avete chiarito questo mistero?
Giorgio *(a Caterina)*: Vedo che anche tu non sei stata proprio zitta!
Juliette *(a Giorgio)*: Stai tranquillo! Caterina non mi ha detto praticamente niente.
Paul: Sì, state calmi ragazzi, non c'è niente di male a parlare di Villa Gioconda.
             In fondo questa indagine è solo un gioco.
Caterina *(a Giorgio)*: Tutto sommato, quello che dice Paul è giusto.
Giorgio *(un po' perplesso)*: E va bene, parliamo di Villa Gioconda.

Caterina comincia a raccontare.

DOV'È IL CASALE TORRISI?

Tracciare il percorso per arrivare alla festa.

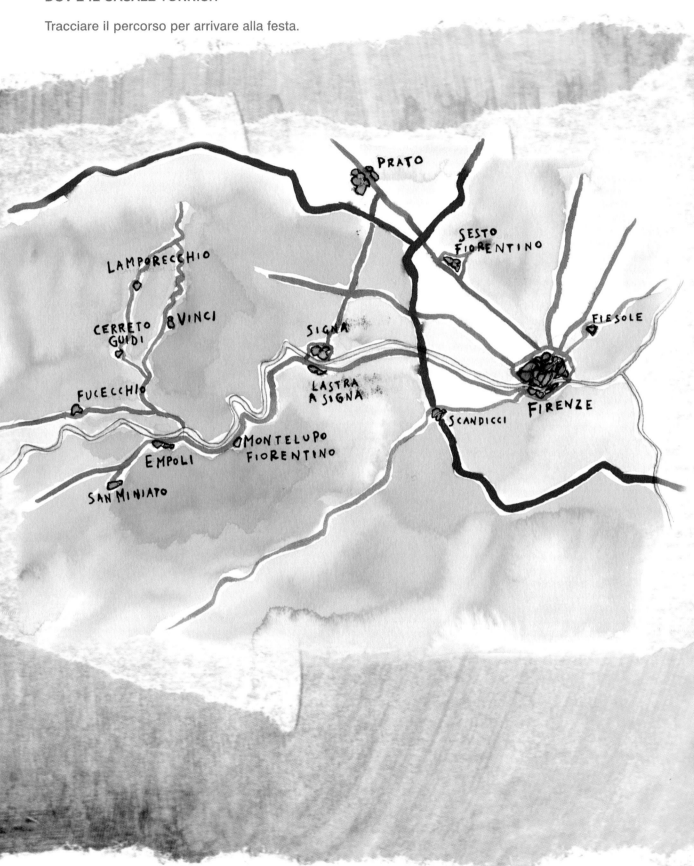

SCENA SESTA

Un luogo magico

Caterina: Dunque, in base ai documenti che abbiamo trovato, sappiamo che Villa Gioconda risale al Cinquecento e che molti studiosi la considerano un capolavoro dell'architettura rinascimentale.

Sauro: Tutto qui?!

Paul: Un po' di pazienza!

Caterina *(con pazienza, guardando Sauro)*: Come ho detto, la villa è un capolavoro del Rinascimento, ma la cosa più sensazionale è il proprietario!

Giorgio: È un famosissimo personaggio del Rinascimento. Pittore, scultore, ingegnere, letterato e scienziato.

Juliette *(preoccupata)*: Chi è questo uomo misterioso?

Paul *(con aria solenne)*: Attenzione signori! Villa Gioconda è appartenuta a Leonardo da Vinci!

Juliette rimane in silenzio.

Sauro: Accidenti!

Giorgio *(a Juliette)*: Ti vedo perplessa!

Juliette: No, no. Sono solo un po' stanca. La storia è avvincente!

Caterina: E non è tutto! La parte migliore viene ora!

Sauro: Perché c'è altro?

Paul: Certo!

Juliette *(impaziente)*: Dunque?

Caterina: Ok. Siamo quasi sicuri che Leonardo ha passato molto tempo a Villa Gioconda per lavorare con tranquillità... in effetti la villa si trova su una bella collina soleggiata circondata dal verde dei cipressi e isolata dal resto del mondo.

Paul: Un posto veramente suggestivo!

Caterina: L'ideale per creare grandi opere!

Giorgio: Come "La Gioconda", per esempio, che, secondo noi, Leonardo ha dipinto alla villa, anche se per molti studiosi l'ha realizzata interamente a Parigi.

Caterina: E non basta. Per noi la villa ha preso il nome dal quadro!

Juliette: Non può essere!

Sauro: Se tutto questo è vero, avete fatto una scoperta che vale oro!

Giorgio: Lo spero proprio!

Caterina: Giorgio! Non è certo per soldi o per fama che abbiamo fatto queste indagini!

Giorgio *(imbarazzato)*: Sì, sì scusami...

Sauro: Allora perché avete fatto tutto questo casino?!

Caterina: Più per gioco che per soldi!

Paul: Andiamo avanti con la storia, ok?

Sauro *(con entusiasmo)*: Sì, forza, arrivate in fondo!

Juliette *(con tono calmo)*: Proseguite...

Caterina: Dovete sapere che forse abbiamo scoperto perché Leonardo ha dipinto "Monna Lisa" proprio alla villa!

Juliette *(un po' preoccupata)*: C'è un motivo particolare?

Caterina: Sì. Lo spiego subito. Pochi sanno che Leonardo era anche appassionato di astrologia. Era convinto che ogni anno, in un determinato giorno di primavera, passava sopra Villa Gioconda la stella Nuria da lui stesso scoperta. Questo evento stimolava una creatività straordinaria.

Giorgio: Così Leonardo andava alla villa perché là trovava una particolare ispirazione!

Juliette: Un uomo come Leonardo da Vinci, uno scienziato come lui, che crede a queste cose! È ridicolo!

Sauro: Per me è buffo!

Paul: Anche i grandi uomini hanno le loro piccole debolezze!

Giorgio *(sorridendo)*: Bene ragazzi questo è tutto! Anche se è sabato, è comunque molto tardi, quindi dichiaro conclusa la riunione. Grazie a tutti!

Juliette: Volevo chiedervi un'ultima cosa.

Caterina: Cosa vuoi sapere di preciso?

Juliette: Quali sono ora i vostri piani su Villa Gioconda?

Caterina: Adesso che abbiamo abbastanza informazioni, passiamo all'azione!

Juliette *(un po' preoccupata)*: Cioè?

Caterina: Andiamo a Villa Gioconda!

Descrivere il paesaggio.

SCENA SETTIMA

Alla villa

È domenica pomeriggio. La macchina di Sauro, in cui ci sono tutti, tranne Juliette, va verso Villa Gioconda.

Caterina: Grazie Sauro per la tua disponibilità a portarci tutti alla villa. Soprattutto di domenica!

Sauro *(sorridendo)*: Che potevo fare?! Giorgio non voleva sporcare la sua bella macchina nuova, la tua è rotta e Paul ha solo la bici... ma soprattutto voglio vedere come finisce questa storia!

Caterina: Sì, sono anch'io molto curiosa! Senti Sauro, vorrei scusarmi, sono stata antipatica con te.

Sauro: Non fa niente! So di essere un gran rompiscatole.

Caterina *(sorridendo)*: Eh, sì! Soprattutto quando fai il latin lover.

Sauro: Però, in fondo, non sono cattivo.

Caterina: È vero; per questo ti chiedo scusa.

Sauro: Ok, però prometti che una sera vieni al Trendy.

Caterina: Ma... non so... forse...

Sauro: Non ti piace ballare?

Caterina: Non tanto, preferisco ascoltare la musica.

Sauro: Quale musica ti piace?

Caterina: Soprattutto i cantautori italiani: De Gregori, Conte, Fossati... comunque una sera vengo al Trendy insieme a Giorgio.

Sauro: Ok. Vi aspetto.

Caterina sorride.

Paul *(a Giorgio)*: Ma sei proprio sicuro?

Giorgio: Sono sicuro che c'è qualcuno in quella villa.

Paul: Ma come l'hai saputo?

Giorgio: L'ho visto!

Paul: Chi hai visto?

Giorgio: Ora ti spiego tutto. Per andare a casa mia in campagna decine di volte davanti alla villa ed è sempre deserta. Invece, circa quindici giorni fa, ho notato uno strano tipo nel parco. Da quel momento ho cominciato a prendere le prime informazioni e a fare ricerche su Villa Gioconda!

Paul: Ma chi può essere?

Giorgio: Non ho idea. So solo che era alto, magro e con la barba.

Paul: Hai detto che era strano, perché?

Giorgio: Ma, non so esattamente perché, però ho avuto questa impressione e ho subito pensato che quell'uomo aveva qualcosa da nascondere.

Paul: Ma se le cose stanno come dici, come facciamo a entrare nella villa?!

Giorgio: Ho un piano che forse può funzionare...

Paul *(curioso)*: Cioè?

Giorgio: Dunque, l'idea è questa...

Giorgio spiega il suo piano.

Paul *(molto perplesso)*: Mah, speriamo bene!

Giorgio: Se hai un'altra idea...

Paul: Purtroppo no.

Caterina *(che ha ascoltato la conversazione, a Paul)*: Anch'io non sono tanto convinta del piano di Giorgio e forse siamo stati un po' precipitosi.

Paul: È stata colpa del troppo entusiasmo.

Caterina: Rimandiamo questa visita, siamo ancora in tempo!

Paul: È una buona idea; così possiamo pensare con calma a un'altra strategia.

Giorgio: Non sono d'accordo! Ormai che siamo qua, proviamo!

Caterina: Giorgio, non essere impaziente! Qualche giorno in più non cambia le cose.

Giorgio *(malvolentieri)*: E va bene, per oggi lasciamo perdere.

La macchina intanto è arrivata a circa duecento metri dal cancello di Villa Gioconda, sta per tornare indietro quando...

Sauro: Ehi, guardate! Ma quella non è Juliette?!

Caterina: Sì, è proprio lei, e sta per entrare nella villa!

Paul: Ma come mai è qui?! Mi ha detto che stamattina doveva partire!

Giorgio: Infatti è un po' strano. Anch'io sapevo che doveva andare a Parigi per qualche settimana.

Caterina *(preoccupata)*: Forse le è successo qualcosa!

Giorgio: Forse... però cosa fa qui alla villa? *(A Sauro)* Per favore, suona il clacson.

Juliette sente il suono del clacson, si gira, vede la macchina e si ferma ad aspettare.

Fare un'ipotesi.

SCENA OTTAVA

I ritratti misteriosi

La macchina si ferma davanti al cancello della villa.

Giorgio *(scendendo velocemente)*: Juliette!
Juliette *(imbarazzata)*: Vieni Giorgio, e venite anche voi!

Tutti gli altri scendono e vanno verso la villa.

Caterina *(a Juliette, premurosa)*: Ti è successo qualcosa?
Juliette: No, no, va tutto bene.
Giorgio: Ma scusa, ieri hai detto che stamattina partivi!
Sauro: E so anche che hai passato più di un'ora in un'agenzia di viaggi per decidere se andare in aereo o in treno!
Juliette *(con imbarazzo)*: Sì, io…
Giorgio: Ma che fai qui?!
Caterina: Calma Giorgio, calma! Juliette certamente ha i suoi buoni motivi per essere qua!
Giorgio: Scusa Juliette!
Juliette: No, no scusatemi voi piuttosto! Non mi sono comportata bene, ma non potevo fare diversamente. Ancora un po' di pazienza e vi spiego tutto; intanto entriamo in casa.

Juliette sta per aprire la porta della villa con le chiavi.

Caterina: Hai le chiavi della villa?
Juliette: Sì, io abito qui.
Caterina: Ma mi hai detto che stavi all'agriturismo vicino al paese.

Juliette, imbarazzata, sta zitta.

Caterina: Ma, non capisco…
Juliette: Quando mi hai invitata alla festa di Giorgio e hai detto che venivi a prendermi, non potevo darti il mio vero indirizzo, così ti ho dato quello dell'agriturismo.
Caterina *(molto confusa)*: Ma perché questa bugia?

Intanto tutti sono entrati nel grande ingresso della villa dove ci sono molti quadri non finiti e lasciati in modo disordinato.

Juliette: Perché avevo promesso di non dire a nessuno dove abitavo e…

Una voce dal piano di sopra: Juliette, sei tu?

Juliette: Sì, sono io zio!

Leandro: Ma chi c'è con te?

Juliette: Sono con quelle persone di cui ti ho parlato!

Leandro: Sono già qui? Le aspettavo, ma non così presto!

Giorgio *(confuso)*: Scusa Juliette, ma chi abita nella villa?

Juliette: Leandro Candivi pittore e discendente di Leonardo da Vinci!

Caterina: E, se non sbaglio, è anche tuo zio!

Juliette: Sì. Leandro è il fratello di mia madre, e quando ero piccola, passavamo insieme tutte le estati e...

Paul *(quasi gridando)*: Ma quanti quadri! *(Poi osservando meglio)* Sembrano tutti uguali!

Giorgio: Come tutti uguali?!

Paul: Sì, sembrano tutti il ritratto della stessa persona!

Leandro *(in cima alle scale)*: È così, da quando sono qui, ne ho dipinti circa venti della stessa donna!

Il grande studio di Leandro al piano di sopra della villa. Dopo le presentazioni, tutti si siedono.

Paul: Signor Candivi, ci scusi per questa intrusione!

Leandro *(sorridendo)*: Non si preoccupi. Juliette mi aveva avvertito che c'erano delle persone che si interessavano al "mistero" di Villa Gioconda, perciò mi aspettavo di vedervi qui prima o poi!

Caterina: Ci scusi lo stesso, ma eravamo curiosi di sapere qualcosa di più della villa.

Leandro: Ok, scuse accettate! E datemi del tu!

Juliette: E poi zio, parlare con qualcuno di questa faccenda ti può solo fare bene. Sei sempre così nervoso!

Leandro: Hai ragione, voglio seguire il tuo consiglio e raccontare tutta la storia!

Tutti sorridono.

LO STEMMA DELLA FAMIGLIA DA VINCI

Completare lo stemma.

SCENA NONA

Il pittore

Leandro: Come già sapete, io sono un discendente del più grande genio di tutti i tempi e ho anche la "disavventura" di fare il pittore.

Giorgio: Perché parli di "disavventura"? La pittura è una delle arti più affascinanti!

Leandro: Questo è vero, però discendo da uno dei più grandi pittori della storia.

Giorgio: Scusa, ma continuo a non capire...

Paul *(a Leandro)*: Devi essere contento! È un onore avere Leonardo come antenato!

Leandro: Per me invece è sempre stato un peso, soprattutto dal giorno in cui ho saputo la storia della villa e ho scoperto che lui ha dipinto "La Gioconda" proprio qui!

Giorgio: Ma allora le nostre ipotesi erano esatte!

Sauro: Ottimo! Questa storia vale un sacco di soldi!

Caterina *(a Leandro)*: Un momento, calma! Come fai a essere così sicuro?!

Leandro: Per le parole dello stesso Leonardo!

Paul: In che senso?

Leandro: Ho trovato un diario nel quale Leonardo racconta, tra le altre cose, del particolare effetto che la villa ha sull'ispirazione artistica e dice anche che proprio per questo ha dipinto qui "Monna Lisa"!

Giorgio: Un diario inedito di Leonardo?! Ma è fantastico!

Paul: Non ho parole!

Caterina *(a Leandro)*: Ma questo diario è autentico? Sei sicuro?

Juliette *(anticipando Leandro)*: Io stessa l'ho fatto esaminare da alcuni esperti che hanno potuto confermare l'autenticità! Non ci sono dubbi!

Giorgio: Ho bisogno di bere qualcosa!

Caterina: È una bellissima notizia!

Leandro: Lo credevo anch'io, ma il pensiero che la villa favorisce la creatività mi tormenta e mi sono convinto che posso dipingere come Leonardo!

Caterina: Scusa Leandro, ma è assurdo cercare di eguagliare Leonardo da Vinci!

Paul: Sono d'accordo!

Leandro: Avete ragione, ma è più forte di me!

Sauro *(guardando fuori)*: Ehi, guardate che temporale!

Juliette: E che tuoni!

Sauro: Uhm, se continua così, non riusciamo ad andare via!

Caterina: Perché?

Sauro: Queste strade di campagna si allagano facilmente e le macchine rimangono bloccate!

Paul: Possiamo fare un tentativo!

Sauro: C'è il rischio di rimanere per strada!

Giorgio: Sauro ha ragione! È pericoloso muoversi con questo tempo.

Caterina   Accidenti! Che possiamo fare?! Io domattina ho lezione!

Leandro: Potreste rimanere a dormire qua... c'è tanto posto.

Juliette: È una buona idea! Mangiamo qualcosa e poi andiamo a letto presto!

Paul *(a Leandro)*: Ma non disturbiamo?

Leandro: No, davvero, mi fa piacere!

Tutti ringraziano. Dopo una piacevole cena vanno a letto.

Juliette *(svegliandosi poco prima dell'alba, a Caterina, anche lei sveglia)*: Accidenti che tuono!

Caterina: Questo temporale è tremendo!

Juliette: Vado in cucina a farmi una camomilla, la vuoi anche tu?

Caterina: No, grazie. Provo a riaddormentarmi.

Juliette: Ok.

Juliette esce dalla camera e vede la luce accesa nello studio di Leandro.

Juliette: Lo zio ha dimenticato di spegnere la lu... *(le muoiono le parole in bocca)*.

Entra nello studio e vede...

IL DIARIO DI LEONARDO

Completare la pagina.

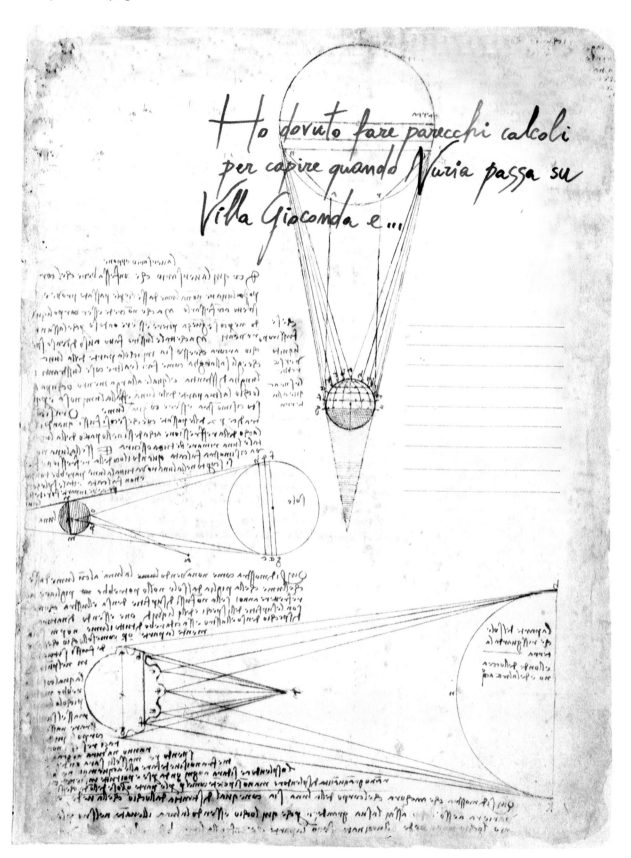

Ho dovuto fare parecchi calcoli per capire quando Nuria passa su Villa Gioconda e ...

Firenze
LA NAZIONE

ANNO 149 ● N° 221 ● DOMENICA 31 MAGGIO 2007

LITI DI PALAZZO LA GIUNTA APPROVA 42 MODIFICHE ALLA LINEA I

Tramvia, varianti per 12 milioni
Agraria: la facoltà vuole Sesto

LINEA I **Disco verde su 42 varianti** ■ ALLE PAGINE IV E V

Incredibile! scoperta un'altra Gioconda!

Questa sera alle 21,30 presso il negozio del noto antiquario fiorentino Giorgio Torrisi in via del Parione 23 avrà luogo un insolito evento: la dottoressa Caterina Duranti docente di storia dell'arte presso l'Accademia di Belle Arti di Firenze presenterà un'opera di un discendente di Leonardo Da Vinci, il pittore Leandro Candivi.

Le Vi. a pag.3

Da oggi si può rifare il bagno alla Costoli
La piscina aveva subìto danni dal nubifragio

DA STAMANI si potrà tornare a fare il bagno alla Costoli. «Siamo riusciti, a costo di impegno e autentica dedizione da parte degli uffici - ha detto l'assessore allo sport Eugenio Giani- e delle maestranze, a riaprire la Costoli, quindi coloro che sono rimasti a Firenze avranno l'opportunità di passare una giornata nella più importante piscina della città». La piscina riapre i battenti con un giorno d'anticipo rispetto al previsto grazie all'operatività del personale e della struttura tecnica della Direzione servizi sportivi che insieme all'Impresa Cofathec hanno consentito di anticipare i tempi, già previsti nel pomeriggio di domani. La piscina sarà di nuovo agibile secondo il consueto orario 10-18.

LIBRI D'ESTATE

Ma per i regali è sempre Firenze la scelta preferita

LIBRI D'ARTE, romanzi, saggi. L'importante è che Firenze faccia da 'trait d'union'. I fiorentini comprano le novità, ma adorano consigliare Giovanni Papini, Giuseppe Prezzolini, Dino Campana. Sono soliti regalare 'I Medici' di Marcello Vannucci, 'Firenze araldica' di Luciano Artusi, 'Tutto Bargellini' di Pier Francesco Listri o uno degli innumerevoli volumi di Giorgio Batini. Qualcuno si ricorda perfino che ricorre il 50esimo anniversario dalla morte di Curzio Malaparte e consiglia 'Maladetti Toscani', dove si trova quell'indimenticabile ritratto del fiorentino 'medio', né partigiano, né fascista, che, stanco di vedere Firenze invasa da 'stranieri', urla ad una colonna corazzata inglese, entrata in città nell'agosto 1944: «O che vi crede d'essere a casa vostra? C'è tanto posto nel mondo per andare a far la guerra, proprio qui vu' avete a venire?»... Ma c'è un altro filone del quale i fiorentini vanno pazzi. Quello del mistero. Consigliati il gotico alla Edgar Allan Poe 'Labirinti castelli giardini'. Luoghi letterari di orrore e smarrimento' del docente universitario fiorentino Paolo Orvieto, i due 'Firenze dei misteri' e 'Toscana dei misteri' di Luigi Pruneti, per un viaggio attraverso i secoli alla scoperta di luoghi misteriosi e di fantasmi senza pace, o ancora i più datati 'I segreti di Firenze' e 'La sporca storia di Firenze' di Stefano Sieni, per conoscere vizi e perversioni di una città che ha mantenuto intatto nel tempo il proprio lato oscuro.

Mo.Pi.

«Sfruttare l'Università per recuperare l'area di Novoli»

«**IL RECUPERO** del quartiere di Novoli deve avvenire attraverso l'utilizzo di quelle risorse già esistenti che non vengono sfruttate a dovere, come l'Università che incredibilmente chiude alle sette». Questa l'idea di Federico Perugini, vicesegretario nazionale dei Giovani liberaldemocratici. «Le facoltà del Polo e il quartiere — prosegue — potrebbero pensare a attività d'intrattenimento serale per far vivere la zona. Si potrebbe iniziare con un cineforum, e poi tenere la biblioteca aperta fino alle 22 e organizzare presentazioni di libri e altri eventi.»

SCENA DECIMA

Il quadro

Juliette *(corre fuori dallo studio e bussa alle porte delle camere)*: Venite! Presto! Correte!

Sauro: Ma che succede?

Paul e Giorgio: Che c'è?! Che c'è?!

Caterina: Juliette, stai bene?

Juliette *(confusa)*: Sì, sì... sto bene, ma... insomma... venite a vedere!

Tutti entrano nello studio e trovano un bellissimo ritratto di Juliette.

Caterina: È bellissimo!

Giorgio: È straordinario!

Paul: Impressionante!

Sauro: Però, non è male questo Leandro!

Juliette *(commossa)*: C'è riuscito! È il suo capolavoro!

Giorgio *(guardandosi intorno)*: Ma Leandro dov'è?!

Juliette: Non lo so, quando sono entrata nello studio c'era solo il quadro!

Paul: Bisogna cercarlo! Sarà in camera sua!

Giorgio: Vado io; intanto voi cercate nelle altre stanze.

Tutti setacciano la casa. Dopo circa mezz'ora si ritrovano nello studio.

Caterina e Juliette: Niente da fare, non lo abbiamo trovato!

Giorgio: In camera sua non c'è!

Paul e Sauro: È letteralmente scomparso!

Juliette *(pensierosa)*: Un momento, quanti ne abbiamo oggi?

Caterina: Diciotto, perché?

Juliette *(con eccitazione)*: La notte, era la notte!

Giorgio: Quale notte?

Juliette: Quella del passaggio di Nuria su Villa Gioconda!

Caterina: La notte di grande energia!

Juliette: Proprio così! *(poi guardando il quadro di Leandro)* Leonardo aveva ragione!

Tutti sono senza parole e continuano a fissare il quadro.

Circa tre settimane dopo a Firenze al negozio di Giorgio. Sono tutti presenti e stanno conversando nell'attesa che la serata cominci.

Giorgio *(legge il giornale)*:

Incredibile! Scoperta un'altra Gioconda!

Questa sera alle 21,30 presso il negozio del noto antiquario fiorentino Giorgio Torrisi in via del Parione 23 avrà luogo un insolito evento: la dottoressa Caterina Durante docente di storia dell'arte presso l'Accademia di Belle Arti di Firenze presenterà un'opera di un discendente di Leonardo Da Vinci, il pittore Leandro Candivi. L'artista...

Sauro *(interrompendo Giorgio)*: Basta Giorgio! È la quinta volta che lo leggi!

Caterina *(a Leandro)*: Così sei tornato la mattina dopo alla villa senza dare spiegazioni!

Juliette *(con tono di finto rimprovero)*: Proprio così, non vuole dire dove è stato!

Leandro sorride. Caterina va da Giorgio.

Paul *(con una macchina fotografica in mano)*: Ehi, ragazzi, facciamoci una foto tutti insieme!

Sauro, Leandro, Juliette: Ok!

Paul *(dando la macchina fotografica a Luisa, la commessa di Giorgio)*: Ma dove sono Caterina e Giorgio? Giorgio! Caterina! Venite che ci facciamo una foto!

Caterina e Giorgio *(uscendo dal retro del negozio)*: Arriviamo, arriviamo!

Sauro *(ridendo)*: Giorgio hai una macchia di rossetto sulla camicia!

Giorgio *(imbarazzato)*: È vero...

Caterina: Su Giorgio, basta con i segreti! Diciamolo a tutti!

Giorgio: Ok, ok... Caterina e io ci sposeremo presto!

Juliette: Finalmente!

Paul: Auguri!

Sauro e Luisa: Bacio, bacio!!

Caterina e Giorgio si baciano e poi tutti si mettono in posa per la foto.

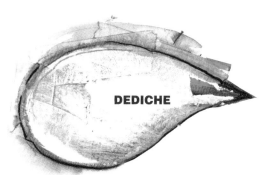

DEDICHE

Per Kasia che mi ha ispirato la Caterina della storia.
Sergio

A Papà, Mamma, Anto, Silvia, Anna, Giorgio, Bill, Patty, Enrico, Franci, Fabrizio,
Michelino, Alessandro Manzoni (come lui devo lavare i miei "panni" in Arno).
Ro

Alla piccola Chiara nata di maggio sotto la stella Nuria.
Leti

Finito di stampare nel mese di Marzo 2008
da Grafiche CMF - Foligno (PG)
per conto di Guerra Edizioni - Guru s.r.l.